LES CROISÉS

et

LES PREMIERS SEIGNEURS

de Mayenne

ORIGINE DE LA LÉGENDE

Par l'Abbé A. ANGOT

LAVAL
AUGUSTE GOUPIL, IMPRIMEUR-LIBRAIRE

1897

Les Croisés et les premiers Seigneurs de Mayenne

ORIGINE DE LA LÉGENDE

DU MÊME AUTEUR

Les Croisés de Mayenne en 1158, étude critique ; brochure in-8°. — Prix . . . . 1 fr.

LES CROISÉS

et

LES PREMIERS SEIGNEURS

de Mayenne

ORIGINE DE LA LÉGENDE

Par l'Abbé A. ANGOT

LAVAL

AUGUSTE GOUPIL, IMPRIMEUR-LIBRAIRE

1897

LES CROISÉS
ET
LES PREMIERS SEIGNEURS DE MAYENNE

ORIGINE DE LA LÉGENDE

I

Depuis la publication de la brochure sur les *Croisés de Mayenne de 1158*[1], il s'est produit un incident qui redonne quelque actualité à cette question d'ailleurs suffisamment élucidée. Les trois pancartes du chartrier de Goué, qui s'étaient trouvées momentanément égarées aux archives départementales ont été recouvrées, grâce à l'exacte révision que le nouveau titulaire, M. Laurain, a faite de son dépôt.

Je me hâte de dire que ces documents confirment pleinement le jugement que j'avais porté, d'après la description qui en avait été faite par M. l'abbé Pointeau. Mais ce qui fait leur intérêt, c'est qu'en les examinant, non-seulement on a sous

[1] *Les Croisés de Mayenne en 1158*, étude critique par l'abbé A. Angot. Librairie Goupil, Laval.

les yeux l'œuvre d'un faussaire, mais qu'on peut jeter un regard dans son officine et assister à l'opération, suivre les procédés qu'il employait pour produire ses fausses chartes. Ce spectacle est rare, parce que les falsificateurs de textes ont généralement la prudence de faire disparaître les traces de leur fabrication frauduleuse.

La thèse que je soutenais, — je me permets de la rappeler — était très simple et radicale. La cérémonie du départ d'une troupe de Croisés qui aurait eu lieu à Mayenne, le 11 avril 1158, n'est connue que par la communication faite à Ménage [1]

---

[1] Quoiqu'on ait voulu trouver un peu irrévérencieuse la note dans laquelle j'ai dit que l'*Histoire de Sablé* était un livre informe et fort incorrect pour les textes, j'ai le regret de maintenir cette appréciation. Par son manque d'exactitude, Ménage vient encore d'induire en erreur les éditeurs du *Cartulaire de Fontaine-Daniel*. S'il n'avait point dit que Dreux de Mello, seigneur de Mayenne, était mort en 1244, les auteurs de ce travail fort utile n'eussent pas été amenés à corriger par une note la date de la charte CXCI où Guy de Mello, évêque d'Auxerre, neveu du seigneur de Mayenne, ratifie, en 1248, une donation faite par son oncle qui vivait encore. Si Dreux de Mello était réellement mort en 1244, ce n'est pas une charte du même cartulaire, mais trois qu'il eut fallu réformer pour la date.

D'ailleurs, Guy de Mello ne pouvait donner avant 1244, avec le titre d'évêque d'Auxerre, l'acte précité, car il ne fut nommé à cet évêché qu'en 1246. Heureusement tout s'arrange. Dreux de Mello est mort, d'après la généalogie de sa famille donnée par le P. Anselme, en 1248 ; suivant notre manière actuelle de compter, on devrait dire même : dans les premiers jours du mois de janvier 1249. Car Ménage donne un extrait de l'*Obituaire du prieuré de la Primaudière* où on lit que Dreux mourut *sexto nonas januarii*. Il est vrai qu'il y a là encore une inexactitude, les nones de janvier étant le 5, il ne peut y avoir de jour qualifié *sexto nonas*. Je devais relever cette erreur, la charte en question ayant rapport aux croisades, il serait malheureux de priver un seigneur de Mayenne de la moitié de sa gloire. Qu'on relise la charte avec sa vraie date, qui est celle du texte, on verra que Dreux de Mello se croisa deux fois : en 1239 et en 1248. La seconde fois il suivait saint Louis avec lequel il aborda à Chypre au mois d'août ; il y mourut avant le départ des Croisés, qui ne quittèrent l'île que le 30 mai 1249. Dreux de Mello avait épousé Isabeau de Mayenne, petite-fille du croisé de 1158, fille de Juhel III, qui lui-même prit la croix contre les Albigeois.

d'un texte qu'il tenait de messire Jean-Baptiste de Goué, extrait par celui-ci de son chartrier. Or je savais que toutes les pièces de ce dépôt antérieures à l'an 1323 avaient été fabriquées pour faire remonter la famille de Goué à une antiquité fabuleuse. J'avais donc le droit de soupçonner la liste des Croisés d'être elle aussi une falsification du même auteur, ayant du reste le même but que les autres pièces fausses du chartrier, car on y avait introduit cinq personnages de la famille de Goué. Ce soupçon de faux devenait une certitude, après l'examen du rapport suffisamment clair et très loyal de M. l'abbé Pointeau[1].

Mais, puisque les actes du faussaire sont retrou-

[1] Ce travail, très bref il est vrai, a du moins le mérite d'être clair et de s'être fait comprendre, j'ose même dire, admettre de tous ceux qui s'en sont occupés pour l'apprécier. Je n'aurai garde de rapporter ici ce qui en a été écrit dans les revues spéciales, et ce qui m'en a été dit dans des lettres particulières ; je ferai cependant une exception pour les deux suivantes, à cause des circonstances spéciales dans lesquelles elles m'ont été écrites. J'avais cru devoir avertir M. Hauréau de la rectification que je me permettais de faire d'une erreur admise par lui. Je reçus, en réponse, du docte membre de l'Institut, qui mourait dix jours plus tard, les lignes suivantes :

« J'ai pu, Monsieur, commettre l'erreur dont vous me parlez et je suis prêt à reconnaître que j'en ai commis plus d'une autre. J'ai l'habitude de remercier les personnes qui me signalent ces erreurs. J'aurai donc lieu de me tenir pour votre obligé.... »

La seconde lettre que je citerai, montre, aussi bien que celle qui précède, comment ceux qui ne recherchent que la vérité avant tout, savent admettre la contradiction.

« Cher ami et confrère, m'écrivait plus de quinze jours après la réception de mon travail mon très cher ami M. Pointeau, je n'ai pas été flatté seulement des deux nouveaux livres que vous m'envoyez avec hommage d'auteur, mais ils m'ont satisfait pleinement. Le premier : *Mémoires de Mademoiselle Duchemin*, me rend service ; il est un de mes indispensables et ses notes qui sont de vous me rendent un service non moins réel que le texte.

« L'autre, *Les Croisés de Mayenne en 1158*, qui est une étude critique sur mon texte-parchemin, qui me guida dans une étude parallèle : *Mes Croisés de 1158*, me fait trop d'honneur par votre bienveillante et

vés, voyons comment il opéra dans la circonstance.

La première ébauche de son travail, le parchemin n° 1, écrit comme les deux autres d'une écriture qui a la prétention très injustifiée d'imiter le xiie siècle, offre pour la narration le même texte qu'on retrouvera dans les copies suivantes ; la liste des prétendus Croisés est moins longue de quelques noms. Mais ce qui la rend bien plus curieuse, ce sont les annotations d'une autre main et d'une écriture franchement du xviie siècle, par lesquelles le principal auteur indique à son scribe les corrections qui devront être apportées à cette première rédaction.

Sans m'arrêter aux rectifications sans importance de mots mal lus par le copiste, ou de fautes d'orthographe, je relèverai celles qui ont une toute autre signification. Dans la formule indiquant la date du départ : *Anno ab Incarnatione Domini mil° c° l° octavo*, le scribe avait mis une lettre quelconque au lieu du signe l° et son guide le lui fait remarquer en écrivant dans l'interligne : *L°, c'est un l qui fait cinquante.*

Plus loin, en regard de trois noms de la liste qui

amicale appréciation pour ne pas m'avoir causé un grand plaisir. Si vous l'aviez fait à côté de moi, j'aurais tout laissé, tout approuvé. »

Ici viennent deux réserves, dont l'une ne touchait pas à la croisade, et dont l'autre est toute de sentiment.

« J'aurais tout laissé, tout approuvé, moins l'invective sur Jean-Baptiste de Goué, qui ne peut être l'auteur des fausses pièces. Quand je dis que j'aurais approuvé la critique même des pièces vidimées, je ne me défie pas assez peut-être de ma tendresse pour tous mes parchemins ; ce qui fait qu'en définitive je suis loin de vous savoir mauvais gré de vous être lancé tout seul, à fond de train, sur ces chers innocents et de les avoir maugréés sans me prévenir. »

Rien ne m'a autant fait plaisir que cette aimable appréciation d'un de nos plus doctes confrères.

ne sont indiqués que par les premières lettres, dans l'espace blanc du parchemin, le faussaire indique à son auxiliaire quel usage il doit faire de cette lacune : « Il faut manger ceci avec la ponce », lui dit-il. M. Pointeau avait lu *poua*. Le texte porte *ponce* et d'ailleurs la poix n'eût jamais produit sur le parchemin les ravages que l'on constate à cet endroit aux exemplaires 2 et 3. Si nous nous y reportons en effet, nous trouvons l'espace soigneusement mangé, comme l'eût pu faire un rongeur intelligent.

Un peu plus bas dans la liste, plusieurs noms de la première pancarte sont rayés et une indication de la main qui ne déguise pas son écriture prescrit également : « faut manger ceci qui est effassé et ce qui suit aussi ». Il n'y a qu'à examiner l'endroit correspondant des pancartes amendées pour constater que la leçon a été comprise, et que là aussi la ponce a fait un trou.

Allons maintenant jusqu'à la formule finale de l'acte, celle qui contient l'attestation du prétendu moine du xII[e] siècle, rédigé dans le style que les notaires employèrent seulement à une époque postérieure.

Celui qui tenait la plume était visiblement lassé; on voit qu'il se néglige ; mais arrivé à cet endroit, soit que le modèle ait été plus mal écrit, soit que lui-même y ait mis une application moins soutenue, ayant le sentiment qu'il ne faisait qu'une ébauche et qu'il lui faudrait recommencer son travail, il écrit: « *Hoc scripsit presens frat*(er) *Joan*(nes) *monachus beat*(i) *BERNARDI, ad Fust*(eiam). Cela je l'ai écrit et j'étais présent, moi frère Jean, moine du Bienheureux BERNARD, à la Futaie. »

Hélas ! oui, le pauvre moine oublie son rôle d'emprunt, il oublie que, pour la circonstance, il appartient à l'ordre de Saint-Benoît, il écrit sur le parchemin la formule de son *Confiteor* journalier, parce qu'au lieu d'être moine de Saint-Benoît à la Futaie, au XIIe siècle, il est tout simplement moine Bernardin de Savigny, au XVIIe siècle, et du coup, il canonise son Père saint Bernard dix ans avant sa canonisation officielle.

Mais à ce moment, le seigneur de Goué, voyant que son compère perdait la charte à ce point, lui prend la plume des mains et rédige une conclusion correcte et lisible comme on pouvait le faire au siècle de Louis XIV :

Hoc presens scripsit et adfuit Joannes monachus Beati Benedicti, patris nostri, ad Fust(eiam), *An*(no) *Dōi Mil° C° LXIII, XX^a die mens*(is) *jun*(ii). »

Tout cela n'est-il pas risible ?

J'ai désigné ici, formellement, comme principal auteur de ces documents faux, Jean-Baptiste de Goué. Je sais que ce point a été contesté. Je le soutiens quand même, jusqu'à preuve du contraire, en vertu de l'axiome : *Is fecit cui prodest*. D'ailleurs, je donne un moyen de contrôle, puisque j'indique quatre lignes du manuscrit qui n'avaient pas été signalées, et que les experts pourront confronter avec l'écriture du personnage, dont il doit exister des spécimens dans son chartrier. S'il n'était pas le faussaire, comment les pièces fausses, grossièrement fausses, se trouveraient-elles dans son chartrier ? Celui qui l'eût mystifié lui-même, ne lui eût pas donné dans ces mauvaises copies, des témoins de sa mauvaise foi.

Ferai-je un grand crime aux deux complices de leur supercherie ? Non peut-être ! L'un, qui n'arriva pas à se donner des descendants, voulait se faire des ancêtres, ce qui ne fait tort à personne; l'autre était le voisin et l'ami complaisant d'un seigneur considéré, et ne voyait pas d'inconvénient à lui être agréable. Il faut avouer pourtant, qu'en fait au moins, l'acte dépassa les limites d'une innocente plaisanterie.

II

Maintenant, la fausseté des trois pancartes étant admise, reste-t-il possible d'établir par ailleurs qu'il y eut à Mayenne un départ d'une centaine de Croisés du Maine. D'abord, peut-on soutenir que les textes de M. de Goué sont simplement interpolés et non pas faux ? La partie narrative est toute de sa composition. On le voit bien, puisqu'il prend la peine de se recopier dans la finale de son acte que le scribe avait mal interprétée. On le voit tout aussi bien dans les incorrections des manuscrits, où les règles de la diplomatique sont violées mainte et mainte fois. Le mot *Domini*, par exemple, est toujours abrégé *Doī* alors qu'il devrait l'être *Dnī*. Les dates par quantième du mois qu'on y rencontre étaient inusitées au xiie siècle. Puisque la narration est fabriquée au xviie siècle, la cérémonie qu'elle raconte est donc fausse. Les listes ne le sont pas moins. Pourquoi y insérer des noms qui ne pourraient figurer qu'à une croisade postérieure ? C'est M. Pointeau qui nous avertit de cette distraction et je me plais à rendre à mon ami ce qui lui appartient. Pourquoi employer des procédés risibles, ronger un parchemin vieilli artificiellement pour simuler un original ravagé par les siècles et les rats ?

D'ailleurs, il faudrait apporter des preuves positives de la croisade mayennaise.

Nous sommes en face de documents faux, d'après lesquels on a voulu confirmer l'introduction dans l'histoire d'un fait controuvé. A ceux qui veulent le maintenir d'apporter leurs preuves.

Il n'y en a pas.

Geoffroy de Mayenne a bien pris la croix en 1158. Le sire de Goué le savait par le *Cartulaire de Savigny* qui était à sa disposition, qu'il avait étudié, car c'est là qu'il a connu les membres de la famille de Poë, qu'il a introduits frauduleusement dans sa propre famille. Il a fait, comme je l'ai dit déjà, de ce point historique la base de son roman.

Je savais tout aussi bien, quand j'ai écrit ma première brochure sur cette question, que je le sais aujourd'hui, ce que dit Ménage en publiant, le premier, le récit qui a induit tant de monde, pour ne pas dire tout le monde, en erreur. L'argument qu'on voudrait tirer de ses quelques lignes est misérable. Voici son texte :

« Geoffroi, IV. du nom, fils aisné de Juhel de

Maïenne & de Clémence de Bellesme, se croisa à Maïenne en 1158, avec un grand nombre de Gentishommes de la province du Maine, & des autres provinces voisines. La cérémonie de cette Croisade, & le Catalogue de ces Gentishommes, se voyent dans une Notice qui est dans le Prieuré de Nogent-le-Rotrou. Comme cette pièce est curieuse, je suis persuadé que mes Lecteurs seront bien aises de la voir. Et dans cette créance, je la produiray dans cet endroit » (Suit le récit du moine de la Futaye).

« Cette Notice, ajoute Ménage, m'a esté communiquée par M. de Goué, Conseiller au Grand-Conseil, homme d'un mérite égal à sa naissance » (*Hist. de Sablé*, p. 179-181)[1].

Que répondraient ceux qui veulent s'appuyer sur cette citation, si on leur disait que le renseignement au sujet de l'existence de la Notice de Nogent-le-Rotrou, vient de la même source que la copie fournie à Ménage, si M. de Goué était l'unique correspondant sur cette question de l'auteur de l'*Histoire de Sablé* ? Or il ne peut pas en être autrement. Le texte publié par l'historien est bien celui de la dernière pancarte du chartrier de Goué[2]. Ce texte est faux. S'il en avait existé un autre

---

[1] Ménage avait cependant de bonnes raisons de se défier de son estimable correspondant. Son flair de philologue l'avertissait qu'on lui envoyait du château de Goué des documents frelatés. Qu'on ouvre son *Histoire de Sablé* à la page 166, on y lira : « Je trouve dans un ancien Titre de la Maison de Goué un *Asbertus de Alta Noxia*. Ce *de alta noxia* paroist avoir été fait du François d'Antenoise : ce qui pourroit faire douter de l'antiquité de ce titre. »

[2] Il y a des modifications insignifiantes et parfaitement explicables : *Sina* pour *Siria* ; absence des titres de chevaliers ou écuyers donnés à la plupart des enrôlés ; suppression dans l'imprimé de la date du mois :

à Nogent qui fût authentique, il eût présenté des différences sensibles qui eussent été remarquées par Ménage, en supposant qu'il en ait eu connaissance par lui-même, ou qui lui eussent été signalées par le témoin quelconque qui lui faisait la communication. D'ailleurs Ménage, il faut lui rendre cette justice, est toujours soigneux de citer par leur nom les correspondants auxquels il devait des renseignements utilisés par lui. S'il eût eu connaissance de ce qu'il appelle une « pièce curieuse » par un autre que par M. de Goué, il n'eût pas manqué de le nommer. Il ne l'a point fait; il a dit seulement que la Notice était au prieuré de Nogent, parce que M. de Goué, qui la lui avait communiquée, le lui avait dit. Il n'y a donc là qu'une seule et même référence, la référence d'un faussaire avéré, dont nous avons sous les yeux les productions d'une grossière impudence, dont nous avons pu suivre les procédés. Ne serait-ce pas le comble de l'absurdité : M. de Goué veut introduire son nom dans un document dont il connaît l'original ou une copie authentique et il cherche lui-même à faire un original ? Car, qu'on ne s'y trompe pas, ce n'est pas une copie collationnée qu'il fait faire, c'est bien un acte original. Il n'y a rien dans ses Notices qui indique une expédition, point de formule finale

decima die mensis aprilis. On peut croire que M. de Goué s'était encore amendé dans la copie définitive et authentiquée par lui qu'il envoya au savant abbé. Il fit bien de supprimer sa date par quantième qui était un anachronisme et qui pouvait aussi le mettre dans l'embarras; car dater une charte des jours de la période pascale alors qu'on n'a pas sous les yeux le tableau de toutes les incidences de Pâques est fort hasardeux ; il y a telle année où l'on ne trouverait point, par exemple, de dix avril.

qu'emploient les officiers publics pour donner le *vidimus* d'un document extrait d'un chartrier ou d'un dépôt quelconque; pas plus que les mentions qui accompagnent les grosses faites d'après la minute primitive; même pas de signature. Supposez que l'honorable Conseiller au Grand-Conseil ait voulu mettre ses ancêtres au rang de chevaliers qui se seraient réellement croisés et qu'il ait vu du fait un acte authentique, il ne pouvait faire qu'une chose : en prendre une copie de sa main, l'interpoler, et la présenter à l'historien qui avait une confiance aveugle dans son mérite et dans son honorabilité. Mais, quand on le voit se donner tant de peine pour donner à une pièce fausse les caractères d'un autre âge, on doit croire et dire qu'il ne compte, pour arriver à ses fins, que sur les procédés de mystification auxquels il s'exerce.

J'avoue maintenant qu'il existe une preuve prise d'une autre source et qui, de prime abord, pourrait faire plus d'impression. Je la connaissais également lors de mon premier travail, car M. l'abbé Pointeau, auquel nous devons tant, l'avait signalée.

Nous lisons, en effet, dans l'*Histoire des Croisades*, à la date de 1159, — remarquable coïncidence, — qu'à la suite de désastres navrants, les chrétiens d'Orient virent « débarquer à Ptolémaïs, comme par un miracle de la Providence, plusieurs navires montés par Étienne, comte du Perche, avec des croisés du Mans et d'Angers, et Thierry, comte de Flandre, accompagné d'un grand nombre de pèlerins Flamands. »

En admettant ces données pour exactes, le

roman resterait roman, car il est prouvé tel, mais il aurait une base historique plus large. Malheureusement encore, il faut dire que dans ce texte si plein de faits précis, il y a autant d'erreurs que d'affirmations. Sans compter de très près j'y relèverai cinq contre-vérités qui ne laissent absolument rien debout.

Premièrement, les chrétiens ne virent personne, que nous connaissions, arriver à cette époque à Ptolémaïs.

Secondement, il n'y eut jamais de comte du Perche qui se nommât Étienne. Rotrou III, qui était comte du Perche en 1158 eut bien un frère nommé Étienne, mais il alla encore adolescent, nous dit Bry de la Clergerie, auprès de sa cousine la reine de Sicile ; il fut son conseil quand elle resta veuve dans une situation très difficile ; devint archevêque de Palerme, et, vers 1167, fut obligé par l'opposition et sous les menaces de mort des grands du pays, dont il s'était attiré l'hostilité par sa justice impartiale, de s'enfuir en Palestine où il mourut presque aussitôt de douleur. Le P. Anselme et les auteurs de l'*Art de vérifier les dates* donnent sur Étienne du Perche des renseignements d'une parfaite conformité avec ceux qui précèdent. Étrange méprise ! Un Étienne, frère d'un autre comte du Perche, débarqua bien à Ptolémaïs, mais ce fut en 1202 ; c'est ce fait cependant qui est cause de l'erreur de l'historien moderne.

Troisièmement, les « Croisés du Mans et d'Angers » qui semblent, dans la phrase citée plus haut, monter les vaisseaux d'un comte du Perche qui n'exista jamais, ne sont autres, hélas! que ceux de Ménage, empruntés par l'historien confiant à la *Collection des Historiens de France*. Il n'y a, en effet, qu'à se reporter à quelques pages plus haut du même volume, pour voir l'analyse de ce document dans une longue note qui explique l'allusion présente.

Quatrièmement, Thierry, comte de Flandre, n'arriva point en Palestine en 1158 ou 1159, par la raison très simple et très bonne qu'il était arrivé en l'année 1157. C'était, du reste, la seconde fois qu'il y venait, car il avait pris la croix à Vezelay en 1147. Dans les campagnes heureuses par lesquelles, de 1157 à 1159, les chrétiens rétablirent leurs affaires, il n'est question dans les historiens des Croisades que du Comte de Flandre et de ses guerriers Flamands. Comme il arriva non au port de Ptolémaïs, mais au port de Bérite, j'ai pu dire qu'il y avait au moins cinq erreurs caractérisées dans les quelques lignes de l'historien Michaud [1].

Ce n'est pas là qu'il faut aller chercher l'exactitude historique.

Comme conclusion, qu'on se contente donc jusqu'à nouvel ordre d'un seul croisé à Mayenne en 1158; je dis un seul car, sauf meilleur avis, Hamon, fils de Geoffroy, n'est connu, je crois, que par la liste apocryphe comme ayant accompagné son père, et si l'on ne trouve pas une autre preuve de

---

[1] Tout ceci est facile à vérifier en consultant les textes des historiens des Croisades dans la traduction publiée par M. Guizot, et surtout dans l'excellente édition du texte de Guillaume de Tyr, qui fait partie de la grande collection des Historiens orientaux.

son existence, il faut le considérer comme une création du faussaire qui en a fait bien d'autres.

III

Subsidiairement, je ferai quelques remarques sur les autres pièces fausses du chartrier de Goué, qui n'ont plus trait à la croisade de 1158. Elles sont variées dans la forme, quelques-unes même peuvent n'être que des copies altérées de documents vrais, mais toutes ont cela de commun qu'elles devaient servir, dans l'intention de celui qui les fabriquait, à reporter l'origine connue de la famille de Goué du XIVe au Xe siècle. La falsification est évidente. Un *vidimus* daté de la fin du XIIIe siècle est écrit en caractères qui imiteraient à peu près ceux du XVe. Du testament d'une dame de Mayenne de 1205, dans lequel intervient un sire de Goué, il existe au chartrier cinq copies, dont deux sont datées du même jour, toutes attestées pour leur véracité par un seigneur de Fougerolles, du nom de Jean de Laval, qui a la complaisance de signer toutes ces expéditions et qui, au dire des juges les plus compétents, n'a jamais existé. Un sire de Goué, gratifié par son descendant d'un commandement à la bataille d'Hastings, y aurait été blessé et aurait fait son testament le lendemain de la bataille. Sa veuve est supposée ratifier cet acte en 1067, mais la pièce est écrite d'une encre et en caractères du plus mauvais aloi. La prétendue copie, collationnée en 1439, d'un don fait en 980 par Osmond de Goué et sa famille à la chapelle du Pont-Aubrée, que la foudre avait endommagée, fut-elle mieux calligraphiée qu'elle ne pourrait prouver l'existence de ce seigneur anté-féodal.

Ces quelques échantillons suffiront aux lecteurs.

Si j'affirme ici que les documents antérieurs au XIVe siècle sont apocryphes, cela ne veut pas dire que tous ceux d'une date plus rapprochée soient authentiques. Il en est deux spécialement que je soupçonne de fausseté. Ils sont de 1325 à 1330, portent des signatures de notaires qu'on trouve également au bas d'un acte non douteux de 1323; mais ils offrent cette particularité que le seigneur de Goué qui y figure, — c'est le premier authentiquement connu, — y prend le titre de chevalier, tandis qu'il n'a aucune qualité semblable dans les autres pièces contemporaines. L'écriture, le style incompréhensible, les abréviations insolites, l'encre très mauvaise, sont d'ailleurs autant de motifs de n'accepter ces deux chartes que sous bénéfice d'un examen fait par des juges compétents. Vérifié, le soupçon prouverait que le faussaire était bien le détenteur du chartrier, puisqu'il en aurait eu à sa disposition les pièces indiscutables. Ce serait un motif aussi pour n'accepter qu'avec grandes réserves les faits qui ne seraient établis que par des preuves empruntées au chartrier en question[1], et pour les

[1] Personnellement je dois à M. de Goué d'avoir commis des erreurs de cette nature dans la *Monographie de Brée*, mauvais travail, que je ne recommande pas et qui vaut autant que deux ou trois autres brochures analogues écrites par moi dans le même temps avec aussi peu d'expérience.

rejeter quand ils se trouveraient en contradiction avec d'autres autorités.

IV

Je me suis promis de vider ici la question des fables qui encombrent les origines de l'histoire de Mayenne. Je parlerai ici de ses prétendus seigneurs antérieurs au xie siècle.

Après avoir démontré péremptoirement que la féodalité héréditaire n'existe pas dans notre pays avant le xie siècle, M. Bertrand de Broussillon en arrive à Mayenne :

« Pour Mayenne, dit-il, qui passe pour avoir été un fief dès le ixe siècle, et à qui Guyard de la Fosse donne pour seigneurs à cette époque : Méen, Ruellon, Aubert, Geoffroy et Juhel, la charte 245 du *Cartulaire de Saint-Vincent* vient préciser les faits de manière à ne laisser aucun doute sur le nom de son premier seigneur, et sur la date de son inféodation. Cet acte, dont la rédaction se place entre 1067 et 1070, fut approuvé par Geoffroy, fils d'Hamon, lequel Geoffroy avait reçu de Foulques Nerra, comte d'Anjou, soit entre 1014 et 1040, la propriété du château de Mayenne. Cette inféodation ne saurait évidemment être placée avant l'an mil, sans attribuer à Geoffroy une longévité d'autant plus exagérée qu'il vivait encore après 1082 [1]. »

---

[1] *La Maison de Laval*, 1020-1605, par B. de Broussillon, illustrée de nombreux sceaux et monuments funéraires par Paul de Farcy ; Paris, Alph. Picard, 1895 ; I, p. 5.

On ne saurait mieux dire.

Ainsi Mayenne a cet avantage, au point de vue de la clarté historique, qu'un texte écrit vient corroborer à son sujet les données générales de l'histoire. Le procès est donc jugé sous ce rapport : il n'y a point de seigneur de Mayenne avant Geoffroy, fils d'Hamon. Je ne viens pas démontrer directement ce qui l'est déjà, mais j'apporterai une preuve indirecte de ce fait acquis, en montrant comment s'est formée la légende qui prétendrait donner à Mayenne plusieurs générations de seigneurs antérieurs à la féodalité héréditaire,

Les comtes d'Anjou, les ducs de Bretagne, d'après leurs anciens annalistes, avaient eux aussi des origines fabuleuses et remontaient aux Troyens. Les sires de Laval, plus modestes, se contentaient de descendre d'un neveu de Charlemagne. Mais ces légendes au moins avaient pour elles la consécration d'une antiquité assez reculée. Guy-Walla en particulier et ses premiers successeurs étaient admis par la tradition quand le chanoine Pierre Le Baud leur donnait entrée dans son histoire au commencement du xvie siècle. Méen, au contraire, et ses héritiers apocryphes sont d'invention récente, et la source unique où leur légende prend naissance est parfaitement connue ou du moins facile à connaître.

Ménage qui le premier a imprimé ces faussetés, en mettant des restrictions à sa croyance, nous dit :

« J'apprans d'un écrit, intitulé *Remarques sur l'histoire des Sgrs du Duché de Maïenne*, qui m'a été communiqué par M. Hoyau, procureur du Roi de la Prévosté du Mans, et qui a esté composé par M. Le Goué, lieutenant général de Maïenne, que Méen, sgr de Maïenne fut père de Ruellan, aussi sgr de Maïenne; et que ce Ruellan de Maïenne eut une fille unique qui s'appela Melissande, laquelle fut mariée à Aubert, sgr de Maïenne, du chef de cette Melissande.... » Et pour la confirmation de toutes ces choses, continue Ménage dont je résume le texte, M. Le Goué cite un ancien Mémoire dressé par un Religieux de Saint-Mars-sur-la-Futaie. Le même auteur invoque aussi le témoignage d'un autre Mémoire dressé par un Foulque, moine de Savigny [1].

Telle est l'unique autorité mise en avant par l'auteur de l'*Histoire de Sablé*.

Écoutons maintenant Guyard de la Fosse, l'historien attitré de la ville de Mayenne : « Nous tirons le commencement de la liste des seigneurs de Mayenne, dit-il, de quelques anciens manuscrits ; d'un, entre autres, dressé par un moine de Saint-Médard-sur-la-Futaye [2]. » Ne croyons pas, d'après cela, que l'abbé Guyard connaissait *de visu* le manuscrit du moine, il affirme seulement que M. Le Goué l'avait vu ; il affirme la même chose du Mémoire de Foulque, religieux de Savigny, et jamais, en fait, il n'invoque d'autres autorités quand il s'agit des seigneurs de ces âges nébuleux. Seulement, l'exemplaire du travail de M. Le Goué consulté par Guyard, n'était pas le même que celui qui fut mis à la disposition de Ménage. « M. Le

---

[1] *Histoire de Sablé*, p. 182.
[2] *Histoire de Mayenne*, p. 1, 4 et suiv.

Goué, président au grenier à sel de Mayenne, m'a prêté, dit-il, le petit manuscrit de son aïeul. »

Ainsi, M. Le Goué seul a vu les deux Mémoires attribués à deux religieux, l'un du prieuré de la Futaie, l'autre, nommé Foulque, moine de Savigny, ou même Foulque de Savigny. Ménage et Guyard de la Fosse ont vu deux exemplaires du manuscrit de Jean-Baptiste Le Goué, qui vivait au milieu du XVIIe siècle. Je puis même ajouter que l'auteur de la *Généalogie de la Maison de Quatrebarbes*, connaissait aussi ce travail du lieutenant de Mayenne, son contemporain. Mais depuis, personne ne l'a vu et jusqu'à ce qu'il s'en retrouve une copie on ne le connaîtra que par des mentions d'auteurs de seconde main. Ceux mêmes qui l'ont copié en avaient assez pauvre opinion.

Guyard de la Fosse le trouve presque toujours en défaut à partir de l'époque où les documents vraiment historiques lui permettent de contrôler ses affirmations, ce qui ne prouve pas beaucoup en faveur de son discernement et permet de croire qu'il a été facile à duper ou sujet à se tromper lui-même pour les époques antérieures.

Ménage nous dit carrément que les affirmations de M. Le Goué contiennent des invraisemblances par trop fortes. Aubert, pour obtenir la main de l'héritière de Mayenne, devait s'engager « à porter le nom et les armes de Maïenne. » — « Toutes ces choses me sont suspectes, dit le savant abbé, et à l'égard des armes de la Maison de Maïenne on ne peut avoir stipulé que cet Aubert les porteroit puisqu'il vivoit au commencement du x⁰ siècle, et que les armes de famille qui passent aux successeurs ne sont que du commencement du xii⁰. »

Si les deux mémoires de la Futaye et de Savigny, si le manuscrit même de M. Le Goué sont perdus, il nous reste une des pièces qui furent falsifiées pour établir la filiation d'Aubert de Mayenne. Elle a été utilisée plusieurs fois, soit à cause des notions généalogiques qu'elle contient, soit pour les renseignements qu'elle donne sur des fondations religieuses.

L'abbé de la Fosse, Ménage aussi peut-être, en connaissaient le texte. Depuis on n'a jamais eu recours qu'à l'analyse qu'en donnent ces deux auteurs. Comme j'ai eu la chance d'en rencontrer deux copies, je la publierai intégralement en appendice.

En résumé nous y apprenons qu'Aubert, fils de Geslin et seigneur de Mayenne, du consentement de Mélissande, sa femme, donna, le 21 mars 922, à Simon, abbé de Saint-Jouin-de-Marne et de Saint-Martin-de-Vertou, les églises paroissiales de Saint-Mars-sur-la-Futaye et de Saint-Martin de Landivy, ainsi que les prieurés de Saint-Jacques d'Ernée et de Saint-Barthelémi-de-l'Habit, avec des droits utiles et féodaux considérables. Emery de la Dorée, Gélin d'Ernée, Geoffroy de Gorron et plusieurs autres avaient apposé leur seing à cette charte, datée sans hésitation du mois de mars, le XII des calendes d'avril, le jeudi de la troisième semaine de carême, le 24ᵉ jour de la lune, et de l'année 922.

Cette charte est certainement fausse pour la

date, qui ne concorde avec aucun des éléments fournis par son auteur lui-même. En 922 ou 923 (n. s.) Pâques arrive le 6 avril, le jeudi de la troisième semaine de carême est le 13 mars, III des ides du même mois, et la lune est à son 22e jour. Elle est fausse pour les noms qui y figurent. Aubert, seigneur de Mayenne, ne peut être admis; l'auteur du *Cartulaire de Laval* l'a prouvé et je montre, de mon côté, quel est l'annaliste très moderne qui a voulu lui donner place dans ses listes, ainsi qu'à ses deux successeurs et aux ancêtres de sa femme. Il n'y a aucun fond à faire sur ce document, non plus que sur les mémoires supposés des deux moines.

Avant de passer plus loin je conclue donc ici : Il est acquis que la féodalité héréditaire n'existe pas pour les seigneuries vassales du comté de l'Anjou et du Maine avant le XIe siècle. Un texte très net, clairement interprété par les éditeurs du *Cartulaire de Saint-Vincent* et par M. Bertrand de Broussillon, contient la justification de ce fait applicable à l'histoire de Mayenne. Les seigneurs du IXe et du Xe siècle sont donc fabuleux.

En second lieu, la légende qui établirait ces personnages en tête de la liste des seigneurs historiques a pour source unique un double mémoire aujourd'hui absolument inconnu dans son texte et une charte fausse. Puisque nous sommes en présence d'un faux constaté, il est permis suivant les lois de la critique historique d'en rechercher l'auteur, en faisant les suppositions les plus vraisemblables. On pourra contredire ce que je vais avancer en proposant une explication meilleure, mais je n'enfreins aucune règle en donnant la mienne.

V

La question posée revient à celle-ci : M. Le Goué est-il l'auteur du faux ou bien a-t-il été mystifié le premier, ou encore est-il complice dans la fabrication des documents apocryphes ?

Pour moi, le lieutenant mayennais n'est pas l'auteur principal de la mystification, l'idée même n'en a pas germé à Mayenne.

On a vu que Laval avait ses fables déjà reçues au xv° siècle. Cela s'explique. A cette époque et depuis encore les comtes de Laval étaient les héritiers du nom de Laval et du surnom patronymique de Guy. On avait intérêt à flatter leur amour-propre en remontant de quelques degrés les générations de leurs aïeux. Par une raison inverse, Château-Gontier et Craon, dont les familles seigneuriales étaient éteintes dès le xiv° siècle, n'ont pas de légendes fausses mêlées à leur histoire. Mayenne se trouvait dans ce dernier cas. Le dernier Juhel de Mayenne mourait en 1220 et sa descendance même par les femmes se perdait bien vite dans des alliances qui faisaient oublier l'ancien nom de Mayenne. Au milieu du xvii° siècle surtout, époque où naît la légende, le duché de Mayenne ayant été acquis par le cardinal Mazarin, personne ne pouvait être intéressé, d'amour-propre ni à un autre titre, à créer des ancêtres aux seigneurs historiques de Mayenne.

Qui donc, au contraire, avait intérêt à remonter ces générations jusqu'à Ruellan, jusqu'à Méen, jusqu'au ixe siècle? Assurément personne autant que M. de Goué, seigneur de la terre de Goué, en Fougerolles. Pourquoi cela? Parce que voulant se doter d'une série d'ancêtres dont aucun degré ne manque jusqu'au xe siècle, il fallait bien que les hauts seigneurs dont il était vassal remontassent à la même époque, et même un peu plus haut pour observer les convenances hiérarchiques.

Le sire de Goué était-il capable d'inventer ce projet et de l'exécuter? Comment en douter quand on l'a vu à l'œuvre, quand on trouve dans ses titres de famille un si singulier mélange de documents faux et d'actes sincères?

J'ajoute que ses relations avec Jean Le Goué, lieutenant de Mayenne, sont certaines et multiples. Le seigneur de Goué, par un choix assez rare, avait été envoyé à Orléans suivre les cours de la faculté de droit. Je ne saurais affirmer que Jean Le Goué, qui avait le même âge, y fut aussi, mais ce qui est presque aussi significatif, son fils était étudiant à Orléans en 1671.

D'ailleurs maître Le Goué était lieutenant général à Mayenne, c'est-à-dire subalterne de messire Gilles de Goué, cousin du conseiller au Grand-Conseil. Son fils lui succéda dans la même charge. M. de Goué et M. Le Goué s'occupent des mêmes questions. Il est impossible qu'ils n'aient pas eu de communications dans cet ordre d'idées.

Puis voyez la similitude de procédés quand il s'agit d'inventer les seigneurs apocryphes, et quand on veut mettre sur pied une croisade qui ne l'est pas moins. Dans le premier cas, c'est un moine de la Futaye appuyé d'un religieux de Savigny dont on ne retrouve plus, il est vrai, les mémoires; dans le second, c'est encore un moine de la Futaye, mais qui est tellement distrait dans la rédaction de son grimoire qu'il se dit fils de saint Bernard dans un acte qu'il date de 1163.

Pour moi l'inventeur de la croisade mayennaise est aussi le créateur des seigneurs fabuleux de Mayenne.

Sur ce dernier point j'émets une opinion qui me paraît la plus vraisemblable : Ou bien M. de Goué a fourni au lieutenant de Mayenne deux faux mémoires de prétendus moines ; celui-ci les a vus, les a utilisés, puis les a restitués, ou les a fait disparaître. Ou bien tous deux, l'officier de la barre ducale et le châtelain ont agi de concert, pour la gloire de Mayenne et pour celle des sires de Goué.

Je me rangerai à l'interprétation plus plausible de quiconque expliquera mieux l'apparition de pièces certainement fausses, et la naissance d'une fable heureusement assez récente pour être facile à démasquer.

APPENDICE

La première des deux copies de la charte supposée du faux Aubert de Mayenne, se trouve dans le manuscrit de la Bibliothèque nationale qui porte le numéro 1254 aux nouvelles acquisitions du fonds latin. Avant de venir aborder, pour son salut, au premier dépôt de la capitale, il courut de grands risques. Sauvé, au mois de mai 1871, des flammes qui dévorèrent la bibliothèque du Louvre, probablement par l'un des incendiaires, il alla échouer sur le comptoir d'un marchand de vin, et y fut abandonné pendant plusieurs mois ramassant des souillures qui témoignent des habitudes de la clientèle. Enfin un employé de la Bibliothèque nationale le trouva, l'obtint sans peine et le rendit au dépôt qui l'abrite aujourd'hui. Il est intitulé *Cartulaire de Savigny*. Ce titre est inexact, mais met néanmoins sur la voie pour deviner sa provenance première. Les pièces qu'il contient, extraites des chartriers de Marmoutier, de Savigny, du Mont-Saint-Michel, de Montguyon, de Fontaine-Daniel, de Fontaine-Géhard, me font croire qu'il a été composé pour servir à la rédaction de l'*Histoire de Mayenne* par Guyard de la Fosse.

J'ai rencontré la seconde copie dans un dossier concernant le prieuré de Saint-Jacques et la cure d'Ernée, restitué, en 1893, aux archives départementales de la Mayenne par M. l'archiviste d'Alençon qui l'avait trouvé dans son dépôt. Le document était ici tout à fait à sa place, puisqu'il y est question du don, fait à l'abbaye de Saint-Jouin-de-Marne, du prieuré de Saint-Jacques. Ce second texte est accompagné d'une notice qui n'en est qu'une sorte d'analyse. En tête on lit : *Extrait des fondations des bénéfices du duché de Mayenne, faites en divers temps par les seigneurs et possesseurs de cette ville.* L'écriture est de la seconde moitié du xviie siècle.

Deum ac Dominum nostrum, qui nos vocavit in regnum suum et gloriam, admonentem debemus audire, qui nos per prophetam suum præcepit dicens : Date eleemosinam et omnia munda sunt vobis. Quamobrem ego in nomine Dei Aubertus, Geslini filius et Meduanæ dominus, bona compunctus voluntate, vocata itaque uxore mea Mellisende, et filiis meis, hominibusque meis ac sapientibus consiliariis, decrevi ut in eleemosinam darem Simoni, abbati Sancti Jovini et Sancti Martini Vertavensis, et monachis B. Mariæ de Fustaya ibi Deo famulantibus et eorum servitoribus, pro salute vivorum et defunctorum jugiter Deum exorantibus, et animæ meæ redemptione, et peccatorum meorum remissione, videlicet ecclesiam ipsam de Fustaya, quæ olim constructa est in honorem Beatæ Mariæ Virginis, cum omnibus quæ ibi offeruntur, et sepultura, et confessione, et baptisterio, vel quæcumque esse videntur. Item dono eis alodum et usum in Sylva de Meduana, quæ mihi ex parte uxoris meæ contigit, scilicet in pratis, aquis, lignis et omnia quæ ibi visus sum habere ; ac etiam dono dictis monachis de Fustaya pro redemptione animæ meæ et parentum meorum omne jus, alodum et donationem quam possumus habere, videlicet ecclesiam parochialem sancti Medardi super Fustayam.

Ecclesiamque parochialem Sancti Martini de Landevico.

Ecclesiam et prioratum Sancti Jacobi de Erneia, sitam prope castrum nostrum de Erneia.

Ecclesiam et eremum Beati Bartholomei de Habitu, in sylva nostra de Meduana, et donationem sub alodum in dictis ecclesiis, beatorum scilicet Medardi, Martini, Jacobi et B. Bartholomei, cum omnibus juribus et omnia quæ ibi offeruntur; sepulturas, exequias, funeralia, confessiones, baptisteria, oblationes, decimas, primitivas et omnia jura ecclesiastica in omnibus parochiis et prioratibus supradictis, tam in hominibus vassallis, quam pratis, terris, molendinis, quam aliis locis et omnibus tam mihi quam uxori meæ pertinentibus. Ita ut nullus vicarius neque aliquis ex hominibus meis in alodo illo possit aliquid requirere, nec ratum facere, sed cuncta quæ exinde exierint habeant qui ibi permanserint. Hoc etiam huic addidi ut si in omni terra mea quidquam ad emendum invenerint seu aliquid ex meo *(blanc)* illis aliquid quoquo modo dare voluerit, ut neque ego neque quisquam meus successor aliquid ab eis propter concessionem ejus emptionis, vel donationis requirat nec accipiat.

De hac autem donatione quam dedi ad locum Sancti Jovini, abbati et monachis de Fustaya qui ibi consistunt, facio eis conscriptionem vel perpetualiter teneant et possideant sine ulla contradictione. Facio igitur hoc una cum authoritate senioris Gaufridi, militis, et Agnetis, uxoris ejus; simulque cum assensu uxoris meæ, filiorum, filiæ, parentum et hominum meorum. Quibus etiam omnibus hanc descriptionem tradidi roborandam.

S. Emerici de Doreta, Gelini de Erneia.

Ista donatio a me facta, et ab uxore mea Mellisende et a filiis meis affirmata.

S. Petroni Berengerii, S. Amelini, S. Gaudini, S. Rainaldi et Gaufridi de Goron. Ita ut post hanc diem quamdiu cœlum et terra permanserint et homines in ipso loco fuerint, teneant, possideant et faciant quidquid voluerint jure proprietario, nemine contradicente. Si vero aliqua persona, aut qualiscumque homo veniet aut inquietare voluerit, cum

Datan et Abiron et cum Juda proditore in supplicium ignis æterni damnetur et in cunctis maledictionibus quæ inveniuntur in scripturis veteris et novi Testamenti superveniat ; et sua cupiditas inanis permaneat.

Et ita, ut hodierno die mentio depingatur quod evenit in mense Martio, duodecimo calendarum Aprilis, feria quinta, hebdomadæ tertiæ in quadragesima, lunæ vigesima quarta, anno ab Incarnatione 922 [1].

---

[1] Ce texte est celui du manuscrit de la Bibliothèque nationale (f. l. nouv. acquisit. 1254, fol. 49-50) que M. Bertrand de Broussillon a bien voulu collationner pour moi, en complétant la copie que j'en avais prise. Le manuscrit de Laval présente des variantes qui semblent dues à des fautes de lecture.

Un instant j'ai cru pouvoir rendre à la donation du prétendu Aubert une valeur historique en la débarrassant des interpolations que le faussaire lui aurait fait subir et en rapprochant d'un siècle la date évidemment erronée de 922, qui ne cadre avec aucune des données fournies par le synchronisme. J'arrivais ainsi à l'année 1022, en style nouveau 1023, où je pouvais rencontrer un abbé de Saint-Jouin-de-Marne du nom de Simon, puisque les listes en fournissent un qui vivait en 1037, avec lacune dans les quinze ans qui précèdent. De plus, le jeudi de la troisième semaine de carême était bien le XII des calendes d'avril, mais l'âge de la lune se comptait malheureusement 25e jour, au lieu du 24e indiqué par la charte.

Comme on ne doit pas supposer des fautes de copistes, ou des erreurs de dates, même minimes, pour ajuster ses propres calculs, je dirai donc simplement que la pièce est fausse pour le fond comme pour la date, simple pastiche de documents analogues que le faussaire pouvait se procurer facilement et adapter aux notions certaines qu'il possédait sur les établissements religieux de son pays.

Si l'on voulait toutefois trouver une date qui remplit les conditions voulues par le problème proposé, il faudrait descendre à l'année 1107.

Achevé d'imprimer

par Auguste Goupil

a Laval

le 23 janvier 1897

www.ingramcontent.com/pod-product-compliance
Lightning Source LLC
Chambersburg PA
CBHW060708050426
42451CB00010B/1331